SIMPLE DISCOURS

D'UN FABRICANT

AUX OUVRIERS DE PARIS.

Imprimerie de A. HENRY,
Rue Gît-le-Cœur, 8.

SIMPLE DISCOURS

D'UN FABRICANT

AUX

OUVRIERS DE PARIS.

1er MAI 1838.

« Ma vie est consacrée au maintien de toutes les garanties de notre repos et de nos libertés.»

Discours prononcé par le Roi, à l'ouverture des chambres, le 18 décembre 1837.

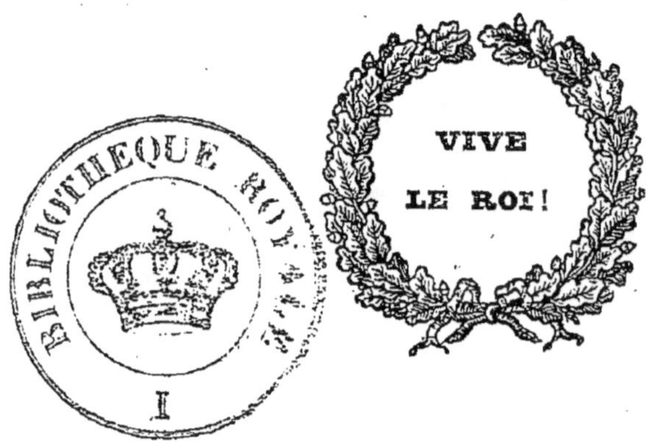

PARIS,

CHEZ LES MARCHANDS DE NOUVEAUTÉS.

1838.

SIMPLE DISCOURS

D'UN FABRICANT

AUX

OUVRIERS DE PARIS.

Ce samedi soir 28 avril 1838.

MES CHERS ENFANTS,

Il est une voix qui ne trompe jamais, c'est celle d'un père : or, je l'ai toujours été pour vous dans nos relations de quarante années plus ou moins difficiles; et vous devez accorder à ma parole la foi dont elle est digne, et vous devez écouter les conseils de ma vieille expérience : que le premier mai vous voye tous réunis aux Tuileries, que vos cris de *Vive le Roi !* pénètrent jusqu'au Monarque, et que les marques de votre reconnaissance le récompensent, dans ce qu'il vous est possible, de ses efforts constants pour notre bonheur commun.

Avez-vous au cœur quelques doutes sur les volontés nationales de notre Roi? Vous semble-t-il que ses longues veilles n'aient pour sujet unique la grandeur de la France? Ses intentions bienveillantes ne vous sont-elles pas suffisamment démontrées ?

Eh bien ! lisez ce peu de mots que je vous adresse , et la persuasion passera dans votre âme.

LE ROI EST CLÉMENT.

Depuis juillet 1830, vous le savez comme moi, les partis ont pris les armes ; le sang a coulé dans nos rues et dans plusieurs villes du royaume ; à des Français égarés il a fallu opposer des Français fidèles : la garde nationale et l'armée ont dû défendre l'élu de la Nation et les institutions libérales nées sous son règne.

La justice est intervenue : que serait un pays sans justice! Des condamnations ont donc eu lieu : des condamnés ont subi un emprisonnement nécessaire, quelques autres sont tombés sous le fer de l'exécuteur de hautes œuvres. Ne croyez pas que ceux-ci aient été nombreux : on n'en compte pas plus de quatre! Leur tête a servi à épouvanter l'anarchie et à assurer notre avenir. Tous les premiers ont été amnistiés, Meunier lui-même a été gracié : c'est que le calme avait reparu ; c'est que la clémence du Roi avait besoin de s'épancher sur des coupables ; c'est que le moment était arrivé où la pensée du Gouvernement pouvait se reposer sans crainte sur les exigences de l'industrie toujours croissante du pays.

Que certains agitateurs mercenaires se plaignent dans leurs journaux de l'absence volontaire de plusieurs de leurs amis, dont la fierté déraisonnable ou l'entêtement déplacé s'obstine à ne point demander grâce, leurs plaintes n'ont point d'échos pour les redire, puisqu'il dépend des exilés de revoir la patrie absente, et que la clémence royale est prête à se répandre également sur eux.

Les faits le prouvent donc : Louis-Philippe Ier est un prince clément, surtout lorsqu'on le compare aux Rois de la restauration et aux anthropophages qui ont gouverné la France avant le Consulat.

LE ROI EST HUMAIN.

L'intempérie des saisons s'acharne-t-elle à des cabanes ou à des contrées entières ?

Un événement inattendu porte-t-il le ravage dans la moisson du pauvre, dans la famille d'un ouvrier ?

La misère, les maladies, des circonstances fortuites, malheureuses, atteignent-elles quelques classes de Français ?

Aussitôt la bienfaisance du Roi, de la Reine, de Madame Adélaïde, des Princes, accourt au devant de l'infortune, *mais sans bruit et pour ainsi dire secrètement.*

Sous la Restauration, toutes les feuilles publiques proclamaient les dons de la Cour; la consolation des secours était livrée à une publicité entièrement d'amour-propre.

Aujourd'hui les bienfaits du Roi et de la Famille royale sont d'une discrétion qui en double le prix; et l'on ignorerait la plupart d'entre eux, si les pasteurs de nos temples, les directeurs des hôpitaux et des prisons, les individus secourus ne jugeaient pas de leur devoir de nous entretenir de leur reconnaissance.

Ce qui doit plaire à des hommes comme vous, dont le cœur est constamment ouvert aux sentiments de la pitié, c'est d'être gouverné par un prince aussi humain que l'est Louis-Philippe.

LA FRANCE EST RESPECTÉE.

Après les deux invasions de 1814 et de 1815, pendant les règnes faciles de Louis XVIII et de

Charles x , les cabinets étrangers avaient cru pouvoir se montrer exigeants, d'autant [qu'on avait eu quelquefois besoin de leur appui pour des mesures extrêmes, ou des tentatives hardies.

La volonté populaire ayant, en 1830, balayé le trône de la honte de ses faiblesses et de l'infamie de ses projets anti-nationaux, l'étranger eut peur et prépara ses armées; puis quand notre modération eut calmé ses craintes, il osa manifester des intentions hostiles.

Mais en voyant notre attitude guerrière, effet de la volonté ferme du Roi; en voyant le roi Othon, don Pédro, la reine Christine, Léopold, prendre, sous l'égide du Gouvernement français, un essor dégagé de ses influences ; en voyant les ambassadeurs de Louis-Philippe avoir, comme M. de Flahaut en Prusse, la parole haute et fière, l'étranger réfléchit et s'arrêta : nous savions la route de Berlin !

Ses intérêts venant enfin s'allier à ses justes appréhensions, de téméraire il devint calme ; la confiance lui naquit en même temps que la réflexion : la France n'eut plus d'ennemis au delà de ses frontières.

Qui nous gagna cette position de paix dont nous jouissons complétement ? Le Roi Louis-

Philippe. Respectée de toutes les nations et de tous les souverains, la France s'est élevée, industrielle et libre, au-dessus de son ancienne gloire militaire : car, en prouvant plusieurs fois que ses armes étaient capables de beaux et grands succès, elle n'a point porté le deuil dans toutes les familles : ses victoires ont été douces pour notre orgueil, car elles ont été en partie gagnées par les productions de notre génie industriel et civilisateur.

L'ESPRIT MILITAIRE A-T-IL DÉGÉNÉRÉ ?

J'aurais pu me dispenser de vous poser cette question, puisque vous savez tous comme moi que l'esprit militaire ne peut se perdre en France : mais j'ai voulu rappeler à vos souvenirs ce que le Roi des Français a fait pour l'armée, et par elle depuis son avènement au trône.

Vous n'ignorez pas que sous Charles x les troupes étaient disséminées, et que les principales forces de l'armée se composaient de la garde royale, de quelques armes spéciales de la maison du Roi, de la gendarmerie et des régiments étrangers.

Lors des événements de 1830, tout cela disparut : garde royale, armés spéciales, gen-

darmerie, régiments étrangers furent suppri-
més.

A la faveur de la confusion occasionnée par
ce grand mouvement populaire, les corps se
trouvèrent pour ainsi dire disloqués.

Il fallut donc réorganiser et créer, refaire une
armée, recomposer un matériel :

Nous eûmes bientôt 410,000 hommes sous les
armes ;

Nous parûmes en Italie ;

Nous assiégeâmes Anvers ;

Nous prîmes Constantine ;

Nous nous posâmes sur les Pyrénées :

Les rois de l'Europe nous redoutèrent, et les
autres nations nous regardèrent avec admiration.

Une législation nouvelle garantit à nos soldats
des droits acquis au prix du sang versé ; un
nouveau Code militaire va mettre les pénalités
de l'armée en harmonie avec les progrès dé la
société actuelle.

Tous ces bienfaits sont l'œuvre de notre Roi :
aussi l'armée l'aime et le vénère.

LA PENSÉE QUI GOUVERNE EST ÉMINEMMENT MORALE.

Il n'y a pas de bon gouvernement sans mora-
lité : vous le savez tous, vous, mes enfants, à
qui l'on est forcé maintenant d'accorder une

intelligence qu'on vous refusait sous les rois précédents.

La pensée morale du Gouvernement est celle-ci:

En politique, de ne laisser jamais avilir la royauté, ni au dehors, ni au dedans : car cette royauté existe en vertu du vœu de la Nation ;

En religion, d'abandonner à la conscience et à la foi de chacun le choix de son culte et de ses prières, afin qu'il n'y ait pour personne nécessité d'hypocrisie ;

En morale pure, que les charges publiques et les droits soient égaux pour tous ; que la prostitution cesse enfin sa propagation dégoûtante ; que les jeux de hasard soient à jamais abolis ; que la mendicité trouve un asile pour ses misères, et n'afflige plus notre vue, à nous travailleurs ; que les prisons deviennent des lieux de réforme et de bonnes habitudes, des lieux où la société punit, mais ne se venge pas, et que, jusqu'aux forçats, il y ait pour tous, amélioration de la position matérielle.

Gloire éternelle au Roi dont la pensée est si pure, si grande et si féconde en bienfaits pour l'avenir de la société tout entière !

LA FRANCE N'A JAMAIS ÉTÉ PLUS LIBRE.

Jetez un coup d'œil sur les temps qui ont

Jetez un coup d'œil sur les temps qni ont

précédé notre immortelle révolution de 1789 : la hache, le sabre, la potence, l'estrapade, le bûcher, la prison, l'exil punissaient l'acte le plus naturel de religion , la plaisanterie politique la plus innocente, le bon mot le plus léger , lorsqu'il atteignait la maîtresse ou le favori d'un prince ou du souverain.

Suivez : au milieu des triomphes de toute nature, nos républicains imposaient leurs théories gouvernementales et leur législation sans règles fixes au moyen de leur échafaud presque toujours ensanglanté.

Suivez encore : à l'époque impériale, si fertile en travaux immenses de camps et d'ateliers, si brillante de tant de choses utiles et impérissables, époque marquée par l'existence d'un seul homme ! de quelle liberté jouissions nous ? Aux livres, la censure ; aux journaux, la censure ; au théâtre, la censure ; aux plus petites réunions, la police ; aux hommes entreprenants et hardis, l'Abbaye et la plaine de Grenelle.

Les jours que nous comptèrent Louis xviii et Charles x sont trop près de nous pour que je vous rappelle les nombreuses exécutions qui en marquèrent le cours. Dieu fasse paix à ces princes qui ne durent leur retour dans la patrie qu'à la faveur de nos ennemis !

Comparez notre situation actuelle :

Les associations politiques, foyers d'anarchie et de discorde, sont et doivent être défendues ; mais ne vous réunissez-vous pas librement dans vos sociétés de secours et de compagnonnage ? — Est-ce que, avant les élections, soit pour la Chambre, soit pour la garde nationale , les citoyens ne se réunissent pas en toute liberté ? — Est-ce que les associations pour toute espèce de cause étrangère à la politique, ne sont pas autorisées ?

Les écrivains publient leurs ouvrages sans qu'il soit besoin, comme autrefois, de les soumettre à une censure quelconque ; et même la tolérance est poussée si loin qu'on se plaint avec raison de la publicité laissée à des livres remplis de diffamations ou de principes subversifs de l'ordre.

Les mécontents, par méchants calculs ou par motifs personnels, ne donnent-ils pas un libre cours à l'indiscrétion de leurs propos dans les lieux publics, et aussi dans les journaux de l'opposition ?

Ne circulez-vous pas en pleine liberté, le jour, la nuit, dans Paris et au dehors des barrières ?

Ainsi vous possédez cette liberté d'écrire, de parler, d'agir, que vous aviez si longtemps et toujours vainement désirée.

A qui êtes vous redevable de cette concession importante? au Roi Louis-Philippe Ier!

LES PARTIS SONT CONTENUS ET L'ORDRE RENAIT.

Le canon de nos grandes journées était à peine refroidi, que déjà les passions que l'ambition enfante se reproduisaient parmi nous.

Tandis que l'on embarquait Charles x à Cherbourg, ses partisans rêvaient le retour du duc de Bordeaux, invoquaient le dévoûment du Midi et de l'Ouest, songeaient à préparer la guerre civile.

D'un côté, les républicains, pris au dépourvu, s'agitaient pour profiter des circonstances; mais leur petit nombre les rendait impuissants à rien tenter de grave.

D'un autre côté, les napoléonistes, qui ne s'attendaient guère à l'événement, désunis, éloignés, se hâtèrent néanmoins de rappeler les hauts faits de l'Empire et l'existence du duc de Reichstadt: quand le prince Lucien arriva sur la frontière pour donner une direction à leurs espérances, nos Députés et le Peuple avaient spontanément décerné la couronne au duc d'Orléans, dont ils connaissaient parfaitement les antécédents patriotiques..

Toutes ces prétentions devaient amener la confusion, et donner lieu à des tentatives insensées; on ne pouvait les combattre qu'en tenant les rênes de l'État d'une main intelligente et ferme.

Notre Roi remplit l'attente de tous, et l'ordre, grâce à lui, naquit des éléments les plus contraires.

C'est à ce point que les projets révolutionnaires des républicains et des napoléonistes de Paris et de Lyon, purent être réprimés à l'instant même où ils éclatèrent;

Que le soulèvement de l'Ouest fut sans portée et, mieux encore, sans avenir;

Que l'échaufourée de Strasbourg n'offrit pas la moindre apparence de succès à ceux qui s'y livrèrent;

Qu'il fut possible au Roi de couvrir d'un généreux pardon les auteurs de ces complots si condamnables.

La France est libre et tranquille, la confiance est entièrement et définitivement établie : pour y parvenir, il fallait que l'ordre le plus parfait régnât : Louis-Philippe Ier créa l'ordre !

SOUS AUCUN RÈGNE LE COMMERCE ET LES ARTS N'ONT ÉTÉ PLUS PROTÉGÉS ET ENCOURAGÉS, LES TRAVAUX PUBLICS MIEUX ENTENDUS ET PLUS NOMBREUX.

Le commerce n'était point en 1830, dans un état prospère, parce que nul n'avait foi dans la durée des institutions, et n'osait se livrer aux entreprises de durée; d'ailleurs, Charles x était plus que dévot, les prêtres se glissaient dans le gouvernement, et l'on s'occupait alors beaucoup plus de la richesse des temples et des ministres du culte que de l'industrie, qui fait pourtant la fortune des États.

Par les mêmes raisons, les arts n'étaient encouragés qu'autant qu'ils se mettaient en rapport avec les choses de religion.

Quant aux travaux publics on commençait toujours, on n'achevait jamais.

Louis-Philippe comprit son pays.

L'État prêta trente millions à une branche de négoce que les événements avaient épuisée. Commerce en général, manufactures, fabriques, tous les établissements touchant à l'industrie grandirent à l'aide des secours, des affranchissements, des associations autorisées, encouragées.

L'État demanda aux arts les embellissements de ses temples et de ses palais; Versailles s'ouvrit pour léguer à la France l'histoire de ses triomphes, de sa gloire, de l'honneur de ses enfants.

Les travaux publics furent achevés et dirigés sur un plan d'embellissements plus complet :

La Bourse, la Madeleine, l'hôtel du quai d'Orsay furent enfin terminés; on élargit les quais et on les planta d'arbres, et l'on y plaça des bancs pour les promeneurs; la place de la Concorde sortit de ses boues séculaires ; des ponts, des fontaines, des rues, des monuments ajoutèrent à l'éclat de la capitale, à l'utilité de ses habitants; des routes, des canaux, des chemins de fer s'ouvrirent de toutes parts et facilitèrent les relations et l'écoulement des productions du pays.

L'élan est maintenant donné, et quoiqu'il arrive, l'industrie, les arts, les travaux utiles sont dans une voie de progrès qui ne peut plus s'arrêter.

Qui a produit ce bien immense, dont le profit appartient à chacun de nous? Louis-Philippe!

ESPÉRANCE.

Il ne suffisait pas au Roi d'agrandir nos institutions, de préparer à la France un avenir de
paix et de grandeur ; force lui était , dans sa
prévoyance de paternité nationale , de songer
aux soirs de sa vieillesse, au temps qui dépassera
sa vie, pour assurer une durée à ses conceptions
royales et toutes de patriotisme.

Sa raison puissante lui fit découvrir le moyen
d'y parvenir d'une manière digne de la France
et de lui.

Il avait fait élever ses enfants au milieu de
nos enfants; il voulut les conserver auprès d'eux,
pour qu'ils connussent par eux-mêmes lesdésirs
et les besoins du peuple : il les envoya au siége
d'Anvers, à Constantine, dans les mers de l'Italie, de l'Égypte, de l'Inde, et les maintint constamment en contact de nos soldats, de nos ma-
rins, des citoyens de toutes les classes, persuadé
qu'il était sans doute que les-princes qui vivent
uniquement dans leurs palais , sont ordinaire-
ment des rois fainéants et despotes.

Puis il les associa aux affaires de la royauté ,
afin que, les voyant de près et s'y habituant,
ils y fussent propres après lui , et pussent con-
tinuer l'œuvre de sa pensée, l'accomplir, la per-
pétuer.

Puis aussi il maria son fils aîné : car il était important, dans ses vues profondes, qu'il y eût, au sein de sa famille, beaucoup de mains pour recueillir l'héritage successif de sa couronne et de ses projets.

Ce mariage porte ses fruits ; bientôt le prince royal présentera à la France un nouveau gage d'union avec elle, un gage de paix et de félicité durables.

Que faire pour un Roi qui comprend si bien les intérêts de sa Nation, et la dirige avec tant de constance vers de si brillantes destinées ? l'aimer et le lui dire !

Ouvriers de Paris, mes Enfants, le rendez-vous est aux Tuileries : vous y serez, j'en suis sûr, car je vous sais des cœurs reconnaissants ; là, tous ensemble, nous donnerons un libre essor au sentiment que nous éprouvons pour notre Monarque : VIVE LE ROI ! VIVE LE ROI ! crierons-nous, et nos acclamations concourront à faire du 1er mai, une journée de bonheur pour le Roi des Français, et pour nous !